Mfa Kera

Fidel

Ernst Klett Verlag
Stuttgart · Leipzig

Table des matières

Autorin: Mfa Kera

Liebe Schülerinnen und Schüler

Lesen sollte vor allem Spaß machen.
Deswegen begebt ihr euch mit Fidel auf eine lange Reise von der Bretagne bis nach Louisiana. Es ist eine landeskundliche, historische, sprachliche Reise.
Der Held dieser Geschichte ist keine Person, aber wir möchten nicht zu viel verraten. Dieser Held reist in Begleitung von unterschiedlichen Figuren quer durch Nordamerika und landet im Süden der USA und erlebt dabei schöne, aber auch tragische Momente.

Viel Spaß beim Lesen!

Avant la lecture

1. La couverture

a) Regardez la couverture. Décrivez-la.
b) Faites des hypothèses sur l'histoire du livre.

2. Le titre

a) À quoi ce titre vous fait-il penser ?
b) Faites de recherches sur Internet : tapez « Fidel » et faites une liste de ce que vous avez trouvé.

3. Dans le livre :

a) Ouvrez le livre, tournez les pages et lisez ce qui est écrit sur la quatrième de couverture. Que savez-vous déjà sur l'histoire ?

b) Lisez les titres des chapitres dans la table des matières (page 2). Quelles nouvelles informations donnent ces titres sur l'histoire ?

c) Regardez seulement les images et décrivez-les.

1 La grande traversée

Je suis né le 15 mai 1710 à Bordeaux. J'ai donc plus de trois-cents ans ! Je suis en bois comme les bateaux qui partent de Saint-Malo pour traverser l'Atlantique. Mais un bois plus tendre, plus fin. J'ai quatre cordes qui s'entendent bien entre elles. Ce sont mes amies fidèles comme l'archet qui est toujours à mes côtés. D'ailleurs, est-ce que je vous l'ai dit ? Je m'appelle Fidel. Je suis un violon, enfin un « fiddle ». Je suis né à Artiguelouve près de Bordeaux dans l'atelier du luthier Luca, un vieil Italien venu de Milan.

Mon premier maître était un musicien breton de Saint-Malo qui m'emmenait jouer et danser dans les fest-noz à Paimpol ou à Locmariaquer. Mais la Bretagne est bien pauvre à cette époque. Les gens ont à peine de quoi manger. Au début, mon maître jouait chaque dimanche dans un village différent. Mais avec la pauvreté, les fest-noz se sont arrêtés et mon maître ne jouait plus que dans les mariages, c'est-à-dire une fois par mois.

Comme beaucoup de Bretons, il a décidé alors de quitter son pays natal, sa famille, sa terre pour tenter sa chance en Amérique. Ah l'Amérique ! C'était le nouvel El Dorado. Ça sentait la richesse, l'or, la liberté, les grands espaces.

Par un beau dimanche du printemps 1752, nous voilà partis avec le Breton du port de Saint-Malo sur la *Florentine*, un beau bateau tout en bois comme moi, en direction du Labrador et de la Nouvelle-France. Nous devions arriver à Halifax au bout de 3 semaines. Mais ce n'était peut-être pas la meilleure idée du Breton. Il était jeune, il était beau, il avait décidé de voyager et de découvrir le nouveau monde avec moi et de tenter sa chance. La traversée a été très dure. Il y a eu une tempête après l'autre. Des grosses vagues venaient taper contre le bateau. J'avais tellement peur de disparaître dans l'Atlantique avec mon maître ! Il était Breton, mais il ne savait pas nager. Vous imaginez ? Moi, dans mon écrin de cuir sur des vagues monstrueuses ? Je suis en bois, mais je ne suis pas un bateau.

Grâce au courage du capitaine de la *Florentine* et de ses marins, nous avons pu entrer dans le port d'Halifax. À cette époque, Halifax était une base militaire anglaise. Les Anglais nous toléraient, mais ils nous obligeaient à parler anglais. Ils voulaient aussi nous obliger à abandonner notre religion catholique et à reconnaître le pouvoir du roi d'Angleterre sur L'Acadie. Mais, nous, nous refusons de reconnaître le roi d'Angleterre et nous protestons. Nous sommes français et nous voulons entrer en Acadie qui est française !

Les commerçants français qui vivaient là, faisaient du commerce avec les Amérindiens Micmacs installés dans cette région depuis des siècles. La terre était très fertile. Il y avait des légumes dans les jardins et surtout beaucoup de poissons dans les rivières. Au début, avec le Breton, nous avons passé quelques semaines dans une pension anglaise de Halifax.

2 La Nouvelle-France

Au bout de quelques semaines, le Breton n'avait plus d'argent. Que peut faire un musicien dans ce pays rude, dans cette nature sauvage où personne n'écoute de la musique et encore moins du violon. Dans la pension où nous vivions, il y avait un commerçant que tout le monde appelait le Bordelais. Il était né à Bordeaux, comme moi, mais il se disait Acadien. Il habitait à Grand-Pré et il faisait le commerce de la fourrure avec les Micmacs, il avait beaucoup d'argent et surtout, il savait aussi jouer du violon. Pour avoir un peu d'argent pour passer l'hiver, le Breton a décidé de me vendre au Bordelais, car celui-ci avait rencontré une jeune Acadienne, Anastasie, qu'il voulait impressionner. Anastasie, il faut le dire était très, très belle. Elle avait la taille très fine, les cheveux noirs et beaucoup de tempérament. J'étais un peu jaloux d'Anastasie, car le Bordelais passait plus de temps avec elle qu'avec moi. Après avoir perdu mon premier maître, le Breton, j'avais peur de perdre le deuxième. Mon âme était triste, mes cordes mal accordées.

Anastasie rêvait de chanter, mais elle ne chantait pas très juste. Alors, le Bordelais a décidé de l'accompagner pour apporter un peu d'harmonie dans la voix d'Anastasie. Et pendant des heures et des heures, pendant les longues soirées d'hiver, nous jouions et nous chantions ensemble dans la maison du Bordelais à Grand-Pré. De temps en temps, le Bordelais jouait aussi pour des anniversaires, des fêtes, des mariages dans les villages.

Pendant ce temps, Anastasie s'ennuyait toute seule. Les hivers sont très froids dans la campagne acadienne. Anastasie avait un autre rêve : découvrir les villes de la Nouvelle-France : Québec, Montréal, Trois-Rivières. Mais le Bordelais voulait rester à la campagne, à Grand-Pré. Il préférait la nature sauvage, les grands espaces, les lacs, les rivières. Il aimait la pêche et la chasse encore plus que la musique. Il a refusé d'accompagner Anastasie dans les grandes villes du Canada.

Un jour, ils se sont disputés très fort. Anastasie a dit qu'elle allait aller chez les Anglais, apprendre leur langue et prendre la religion protestante ! La dispute a été tellement forte qu'Anastasie a pris la porte et on ne l'a plus jamais revue. Nous sommes alors restés seuls, le Bordelais et moi, dans la grande maison froide de Grand-Pré.

Pour oublier sa tristesse, le Bordelais retrouvait le dimanche quelques Acadiens autour des petites églises. Là, il jouait un peu de violon et j'étais très heureux de pouvoir l'aider à oublier le passé et retrouver un peu d'harmonie.

3 L'arrivée des Anglais

À cette époque, la Nouvelle-France était un sujet de disputes entre les Anglais et les Français. Les Anglais construisaient des forts un peu partout. Fort Lawrence, Fort Edward, Fort Anne, pour montrer que l'Acadie était leur propriété. La vie devenait de plus en plus dangereuse et précaire pour les Français de l'Acadie. Cependant, grâce à moi, le Bordelais oubliait ses problèmes et retrouvait un peu de joie de vivre.

Un dimanche, il s'est levé, il a mis ses belles chaussures en cuir, sa chemise blanche, un habit neuf en velours et m'a pris sous son bras et nous sommes allés dans une église pour la messe. Nous voulions bien jouer, mais, ce n'était pas le bon moment et pas le bon endroit pour jouer du violon. Après la messe, le Bordelais est allé parler à monsieur le curé :

- Bonjour, monsieur le curé. C'est la première fois que je viens dans votre église. Je voulais vous demander si c'était possible de jouer du violon après la messe ?
- Écoutez mon fils, bienvenue dans notre paroisse. Mais... je suis désolé, on ne peut pas jouer du violon dans notre église. Mais nous avons un orgue, si vous voulez.
- C'est dommage, car je préfère vraiment le violon. Ça me rappelle la France.
- Mais mon fils, nous avons une chorale, vous savez ? Et nous chantons avec plaisir pour oublier nos problèmes. Vous pourriez chanter avec nous.
- Vous avez raison, monsieur le curé, les temps sont durs et la musique peut nous aider à retrouver la joie de vivre.
- Alors venez donc chanter avec nous dimanche prochain après la messe ou nous accompagner à l'orgue si vous préférez...

Le Bordelais était tout content. Moi, j'étais quand même un peu jaloux, mais bon. Le dimanche suivant, nous sommes allés à la répétition de cette chorale. Le Bordelais m'a laissé dans mon écrin sur un banc. Puis il a ouvert timidement l'écrin et tout à coup, une jeune fille a rigolé avec une belle voix cristalline. C'était Évangéline. Elle faisait partie de la chorale. Elle a demandé au Bordelais :

- Comment vous appelez-vous ? Ne soyez pas si timide ! Vous pourriez jouer avec nous. Savez-vous chanter ?
- Oui, oui, je sais chanter. Mais je chante toujours avec Fidel.
- Fidel ?

Évangéline a regardé le Bordelais, puis elle m'a regardé avec ses beaux yeux bleus et un petit sourire et elle a dit :

- Alors, essayons. Do, si, la sol, fa mi, ré, do.

Évangéline et le Bordelais se sont vus tous les dimanches, puis un jour, Évangéline est arrivée chez nous dans la maison de Grand-Pré. Tout à coup, il faisait moins froid. Une nouvelle carrière a commencé pour moi et le Bordelais. Mais je pense aujourd'hui qu'il y avait une histoire d'amour là-derrière. J'étais heureux pour le Bordelais. Grâce à moi, il a enfin rencontré une jeune Acadienne merveilleuse. Il sortait moins la nuit dans la forêt. Nous avons vécu presque cinq ans en paix dans ce beau paysage acadien.

Le temps a passé. Il y aura un beau mariage entre la belle Acadienne et le Français. D'abord, il y a eu les fiançailles. Puis, par un beau dimanche d'automne de 1755, c'était ce qu'on appelle « l'été indien », on a entendu les cloches du village sonner quand les deux mariés sont sortis de l'église. Les feuilles d'érable faisaient un tapis rouge sur le sol et Évangéline ressemblait à une belle rose blanche dans l'écrin rouge de la nature. Le Bordelais m'a sorti de mon écrin. Il a promis à Évangéline de jouer du violon avec ses amis pendant la fête du mariage. C'est là que j'ai rencontré d'autres « fiddles ».

De retour à la maison, la fête a commencé. Il y avait une centaine d'invités venus des villages voisins. Tout le monde dansait, chantait et riait.

Pendant que la fête apportait la joie dans le village de Grand-Pré, les habitants restaient très inquiets. Il y avait de plus en plus de rumeurs. Les nouvelles n'étaient pas très bonnes. Depuis des années, les Anglais et les Français se disputaient les terres de l'Acadie. Il fallait leur en donner de plus en plus.
Le Bordelais et Évangéline qui avaient acheté quelques vaches pour avoir du lait et qui avaient construit une cabane à sucre pour faire du sirop d'érable, commençaient à avoir peur. Les Anglais voulaient tout avoir. « J'en ai marre de ces Anglais ! », criait le Bordelais.

Puis, une nuit, des soldats anglais sont arrivés. Ils ont brûlé l'église où le mariage avait eu lieu. Tout le monde courait dans la nuit, horrifié. La brutalité des soldats a duré des semaines et des semaines. Le Bordelais essayait de sauver sa maison, ses vaches et surtout Évangéline. Il fallait la protéger, elle et sa famille. Une terrible chose se préparait. Les Anglais ont décidé de nous déporter.

4 Le Grand dérangement

Des soldats sont arrivés dans la nuit. Le Bordelais a tout de suite compris que c'étaient des soldats anglais. Ils portaient l'uniforme rouge avec des galons dorés et un chapeau noir. Les soldats criaient :

– Allez ! Vite, ramassez vos affaires. Vous emmenez tout ce que vous pouvez porter !

On n'avait pas grand-chose. Moi, j'avais mon écrin et mon archet et le Bordelais a pris ses partitions de musique, quelques habits et Évangéline, terrifiée, a pris aussi quelques habits. Les soldats anglais ont d'abord emmené tout le monde vers l'église. Mais cette fois, les cloches ne sonnaient plus, l'église était détruite et il commençait à pleuvoir.

Les filles et les garçons sont restés toute la nuit, près de l'église en ruine, sans manger et sans boire. Au matin, il faisait froid. Beaucoup n'ont pas pu dormir. Ils avaient peur. Ils savaient que les Anglais étaient en guerre contre les Français. Ils savaient que l'Angleterre allait chasser les Français du Canada.

Dans la baie, en face de Grand-Pré, on voyait déjà des grands bateaux qui attendaient là. C'étaient des bateaux à voile. Au matin, les soldats ont commencé à nous séparer : d'un côté les hommes, de l'autre les femmes et les enfants. Le Bordelais, réveillé à grand coups de bottes, devait ramasser ses affaires et suivre les soldats : « Où m'emmenez-vous ? Et ma femme ? ».
Bien sûr, on ne lui a donné aucune réponse. Déjà, des maisons du village étaient en feu, des gens criaient partout, des femmes cherchaient leurs enfants et les chevaux piaffaient dans cette fumée qui ressemblait à l'enfer.
Les soldats pillaient tout : les meubles, les ustensiles de cuisine, les vêtements. Heureusement, le Bordelais a eu le temps de me prendre avec lui et on nous a conduit avec des dizaines d'autres hommes et de garçons sur la plage. Le Bordelais cherchait Évangéline. Avec d'autres femmes, elle essayait d'arrêter les soldats. De loin, le Bordelais lui a crié : « Je t'aime, je t'aime. Attends-moi, je vais revenir ! » Finalement, il m'a regardé et il m'a dit : « Nous reviendrons. Nous reviendrons chercher Évangéline. »
Mais j'ai vu sur son visage de grosses larmes couler. Une fois sur le bateau, nous avons retrouvé Jean Guillot. Jean Guillot faisait partie d'un groupe de trappeurs. Le Bordelais lui a demandé si on les emmenait en France, en Caroline du sud ou en Angleterre. Jean Guillot a répondu que le capitaine du bateau a parlé de la Nouvelle Orléans comme destination. C'était le début du *Grand dérangement* et nous nous retrouvions encore une fois sur la mer pour un voyage vers l'inconnu.

5 L'arrivée en Louisiane

La Louisiane était immense. Notre petit groupe d'une dizaine d'exilés est arrivé par la mer. Nous avons quitté le bateau de l'exil à la Nouvelle Orléans. De là, nous avons remonté le Mississippi, ce grand fleuve majestueux de plus de 3000 km de long ! Nous étions à la recherche d'un endroit pour passer la nuit. Les paysages étaient magnifiques, mais on ne rencontrait presque personne.

Au bout de quelques heures de marche, nous avons rencontré sur les bords du fleuve quelques autochtones, mais ils sont très discrets quand on veut leur parler. Les rares Européens que nous croisons sont des Espagnols et les Espagnols ne sont pas toujours très sympas avec nous, les Canadiens, mais ils étaient là avant nous. C'est ce qu'on peut lire dans leurs yeux. Le Bordelais, par chance, parle quelques mots d'espagnol. Et comme les Espagnols sont tous musiciens et que beaucoup ont une guitare avec eux, cela rend la communication plus facile. C'est un peu grâce à cela que le Bordelais m'a enfin sorti de mon écrin et que j'ai eu l'occasion de rencontrer des guitares.

Heureusement, il faisait encore chaud en cette saison. Comme nous n'avons pas trouvé d'endroit pour passer la nuit, nous avons dormi dehors autour d'un feu. Les Espagnols jouaient leurs mélodies mélancoliques et le Bordelais les accompagnait au violon. Au milieu de la nuit, nous avons fini par dormir.

Le lendemain, notre but était de remonter à pied le Mississippi vers le nord en direction de Bâton-Rouge. Les voitures à cheval étaient très rares. À Sainte-Rose, nous avons rencontré à nouveau quelques Autochtones. C'étaient des Natchez. Au début on avait un peu peur d'eux, mais en fait, ils étaient très pacifiques. Ils ont fait comprendre au Bordelais avec des gestes qu'il fallait plutôt aller vers le sud. Ça voulait dire, retourner en direction de la mer. Le Bordelais avait surtout peur d'un nouveau conflit. Il ne voulait surtout pas rencontrer les Anglais. Il était encore traumatisé par la guerre et le *Grand dérangement*. C'est pourquoi il a remercié les Natchez pour leurs conseils et nous sommes repartis en direction du sud. Il faisait de plus en plus chaud et humide. Nous suivions le Mississippi.

Cette fois, sur les bords du fleuve, nous avons croisé des chariots chargés de bois, de coton, de cuir et de fourrures.

Le Bordelais était de plus en plus triste. Il ne me sortait presque plus de mon écrin. Je crois qu'il avait beaucoup de problèmes à régler : pas de maison, pas de travail, pas de famille. J'étais son seul ami, avec monsieur Guillot bien-sûr. La première nuit, nous l'avons passée dehors avec les Espagnols. Mais où passer la deuxième nuit ? Sous le tipi des Natchez ?

Toute la journée, nous avons marché le long du fleuve. Au bout de quelques miles, nous avons rencontré un nouveau groupe d'Autochtones. Monsieur Guillot qui parlait quelques mots de leur langue du temps où il était trappeur, nous a dit que c'étaient des Houmas cette fois. Ils vivent là depuis des centaines d'années dans des cabanes en bois.

Les Indiens, je veux dire les Autochtones, s'entendent très bien avec les Français, parce qu'ils font « du bon commerce ». Il y a quelque chose qui marche avec eux. Quand les Houmas parle à Jean Guillot, ils l'appellent John. C'est bizarre. Je ne sais pas pourquoi, mais peut-être que cela l'a aidé à pouvoir se cacher des Anglais. Qui sait ? Je sens au son de la voix des Houmas qu'ils sont inquiets aussi. Ils se cachent aussi des Anglais. Ils semblent très nerveux.

Pour le moment, nous pouvons donc survivre. Le Bordelais et John ont acheté quelques fourrures aux Houmas qu'ils ont revendues ensuite à d'autres Européens. Les Houmas nous ont invités à entrer dans leur cabane le soir, pour nous cacher des Anglais. Pour les remercier, le Bordelais a ouvert son écrin. Les Houmas étaient très curieux. Ils ne vivaient pas sous des tipis comme les Natchez, mais ils n'avaient jamais vu un violon. Ils nous ont fait signe de continuer. Le Bordelais et moi avons joué des mélodies françaises qui plaisaient aux Houmas. Ils ont commencé à rire et à fredonner la mélodie qui sortait de mon ventre, de mon archet et des doigts du Bordelais. Tout à coup, une lueur d'espoir s'est ouverte dans la nuit. Le Bordelais pensait à Évangéline. La reverra-t-il un jour ?

6 Les bayous et les crocodiles

Le Bordelais a abandonné son rêve d'avoir des vaches ici. La Louisiane, ce n'est pas le Canada ! Il faudra trouver autre chose. D'ailleurs, on n'en voyait pas beaucoup des vaches, ici. Que faire ? Devenir agriculteur ou artisan ? Un groupe de Français que nous avons rencontrés nous ont dit que ce sont surtout les colons allemands du Wurtemberg, du Palatinat et de la Franconie qui trouvaient du travail dans les fermes.

La terre est pourtant très fertile, ici. Avec le climat, tout pousse très vite. Plus on va vers le sud, plus la région est chaude et humide, mais la vie est dure avec ces bestioles qui mordent et qui piquent. Il y a surtout beaucoup de crocodiles ou plutôt des alligators comme on les appelle ici. Mais les chasseurs les tuent pour leur cuir qui est très à la mode en Europe. Nous, on a commencé à s'habituer à la rudesse de la Louisiane et le Bordelais et John ont fini par trouver un travail dans une ferme.

La ferme où travaillent le Bordelais et John est située près d'un *bayou*. C'est comme une jungle très humide avec beaucoup d'eau. Ce sont les Amérindiens Choctaws qui appelaient « bayuk » les bras du Mississipi qui se perdent dans ce paysage mystérieux au milieu des arbres géants. Moi, je n'aime pas l'eau. Ce n'est pas très bon pour mon bois, alors je reste dans la cabane du bordelais toute la journée pendant que John et le Bordelais s'occupent des cochons. Pour le Bordelais c'est un grand changement dans son travail. Après les vaches et le lait en Acadie, ce sont maintenant les cochons et le boudin qui occupent ses journées. Le boudin vient de France, mais le boudin cajun est unique à cause des herbes qui lui donnent un bon goût. Le dimanche, après la messe, John et le Bordelais vont à la pêche aux écrevisses. Il y a en a beaucoup, des écrevisses dans les bayous !

Ils partent alors toute la journée sur des petits bateaux à travers le labyrinthe des bayous et le soir, ils font griller les écrevisses sur un feu de bois. Quand la mélancolie est trop grande, quand le Bordelais pense trop à Évangéline, à l'Acadie, il va me chercher dans la cabane et il joue quelques mélodies acadiennes pendant que John rêve des forêts canadiennes et des fourrures.

Au début, John et le Bordelais n'ont pas beaucoup de contacts avec les autres fermiers. On les appelle les « Cadiens », ceux qui viennent du Canada.
Après quelques années, on les a appelés les Cajuns. Mais grâce à la musique, tous ces gens venus d'horizons différents sont devenus des Louisianais et petit à petit, le souvenir du Canada a fini par s'évaporer dans l'humidité des bayous.

Un jour, pourtant, ce ne sont pas les Anglais qui sont venus détruire notre vie, mais un ouragan ! Cet ouragan d'une violence incroyable et la pluie qui l'accompagnait ont tout emporté : la ferme, les cabanes de John et du Bordelais qui ne reverra jamais Évangéline, et moi dans mon écrin. C'est là que s'arrête la première partie de ma vie…

7 Le brocanteur

Quand je me suis réveillé, j'étais tout cassé. Je n'avais plus de cordes, mon archet était je ne sais où. Mon bois était tout plein d'eau. Mais un Houmas qui passait par là, m'a ramassé, enfin ce qu'il restait de mon pauvre corps, et emporté dans sa cabane. Je suis resté là plus de 40 ans, sans jouer ! Mais j'entendais de temps en temps les tambours des Houmas qui étaient eux aussi en guerre. Nous étions en 1803 ! Je comprenais la langue des Houmas et un jour ils ont dit qu'ils étaient en guerre contre des Américains. Napoléon venait de leur laisser la Louisiane pour 5 millions de dollars !

Un jour, un brocanteur français qui faisait le tour des réserves à la recherche d'objets authentiques tomba sur moi. Avec des gestes, un Houmas a expliqué au brocanteur qu'il m'avait trouvé là, dans la boue, et qu'il n'avait jamais réussi à tirer un son de moi. Le brocanteur s'est mis à rire et a payé 5 dollars pour me racheter. Je ne sais pas combien d'argent il a dépensé pour me restaurer, mais au bout de quelques mois, j'avais retrouvé un beau corps, des cordes, un nouveau manche et un nouvel archet. Ensuite, je suis resté à nouveau des années dans la boutique pleine de poussière du brocanteur à Bâton-Rouge sans jouer une seule note.

Les années, les siècles ont passé. Je suis resté tout ce temps posé sur une commode Louis XVI, au milieu des miroirs, des chaises, les lits, des vases, des lampes apportés par les colons européens. Entre temps, la Louisiane était devenue plus petite et vraiment américaine ! Autour de moi, j'entendais de moins en moins parler français ou espagnol et de plus en plus anglais.

Vers les années 1860, j'ai à nouveau entendu des bruits de guerre. Cette fois, c'était une guerre entre Américains. Il y avait les nordistes et les sudistes. Bien sûr, le brocanteur et moi, nous étions en Louisiane, donc, dans la Confédération des États du sud. Un jour de juin 1862 les nordistes ont pris et détruit la Nouvelle Orléans, mais la guerre n'était pas encore finie. Ce n'est qu'en 1865 que la paix est revenue. Heureusement, la boutique du brocanteur à Bâton-Rouge n'avait pas été détruite.

Après la guerre, la paix est revenue entre le nord et le sud. Les canons ne parlaient plus et au loin, j'entendais les chants des esclaves libérés dans les champs de coton. Quelle musique ! Ça me donnait envie de les accompagner. Mais en Louisiane, même après la fin de l'esclavage en 1865, les problèmes n'ont pas disparu entre les Blancs, les Noirs et les Autochtones.

Je suis resté dans cette boutique de brocanteur longtemps, très longtemps. J'ai vu disparaître l'esclavage et la langue française. J'ai vu des ouragans traverser la Louisiane et tout détruire sur leur passage. Personne ne s'intéressait à moi. J'étais plein de poussière. Pourtant, une chose est restée au fond de mon âme : la musique.

Je suis resté là, fidèle à la musique française cajun qui a traversé la Bretagne, le Canada, le Mississippi pour arriver ici, dans les bayous. Mais à partir de cette date, au début du 20e siècle, tout le monde parlait de plus en plus anglais autour de nous. La ville de Bâton-Rouge grandissait et devenait même la capitale de l'État de Louisiane. L'industrie, les trains, le bruit envahissaient la ville. Mais dans la campagne, grâce à la musique cajun, aux chants des esclaves et aux vieilles chansons françaises, les gens ont continué à chanter, à danser et à jouer dans les fêtes, pour les mariages et même le soir sur les vérandas des maisons pour passer les soirées car ils n'aimaient pas la musique américaine avec cette langue que beaucoup de gens ne comprenaient pas.

8 Monsieur Forman

Pourtant, les Américains sont parfois drôles. À Saint-Francis, près de Bâton-Rouge, vivait vers 1950 un certain monsieur Forman. C'était un vrai Américain avec le cigare à la bouche, un chapeau de cowboy, des bottes de cowboy, un lasso et un fort accent du Texas. Mais il ne gardait pas les vaches et ne chassait pas les bisons comme on peut l'imaginer, mais il chassait les crocodiles dans les bayous.

Ensuite, il vendait la peau des crocodiles pour en faire du cuir. C'est pourquoi, il est devenu très riche. C'était un homme de la nature, mais en même temps, comme il avait des ancêtres allemands et même bavarois, il était passionné de musique.

Il habitait une grande maison coloniale avec une immense galerie où il restait assis dans son rocking-chair à fumer son gros cigare quand il ne chassait pas les crocodiles.

Il avait à son service un vieil Africain, Zouki. Zouki était un descendant des esclaves qui travaillaient autrefois dans les plantations de canne à sucre d'une grande famille blanche, d'origine française, les Floret-Dumont.
Zouki qui a grandi dans cette maison coloniale, connaissait donc bien la cuisine créole de Louisiane. Il connaissait aussi la musique, car la fille des Floret-Dumont jouait très bien du violon. Et surtout, il se rappelait les rythmes des tambours de ses ancêtres africains. Ce n'est donc pas un hasard si monsieur Forman l'a pris à son service. Tout est écrit dans le grand livre de la vie.

Zouki allait souvent à la pêche aux écrevisses, les « crawfish » comme on les appelle ici, dans le bayou Manchac près de Bâton-Rouge. Mais surtout, c'était le boudin louisianais, les « boudin balls » que préparait Zouki qui laissait de bonnes odeurs dans toute la maison. Monsieur Forman adorait cette cuisine louisianaise et détestait les fastfoods.

Un jour, monsieur Forman est entré dans la boutique du vieux brocanteur à Bâton-Rouge et a demandé mon prix. Mais je n'ai pas de prix ! Je suis bien trop cher ! Je suis des vies entières !
Alors monsieur Forman m'a quand même acheté, il a fait changer mes cordes car je sonnais quand même un peu bizarre après tant d'années dans la boutique du brocanteur.
Enfin, j'étais libre moi aussi ! Pour la première fois depuis des

années, je sortais de mon écrin. Quand Zouki a vu revenir monsieur Forman avec moi sous son bras, il a levé les bras au ciel ! Il était tout heureux.

- Monsieur Forman, enfin ! Mais savez-vous jouer du violon ?
- No, but it's no problem Zouki ! I can learn !

C'est ainsi que monsieur Forman a commencé à jouer avec moi. Je pensais : « Joue-moi, joue-moi, sur les rythmes du tambour de Zouki. ». J'ai joué donc pendant des années avec monsieur Forman pendant les barbecues dans le jardin de la grande maison coloniale.

Et puis, avec l'âge, monsieur Forman a organisé moins de barbecues. Il m'a mis sur une étagère. Encore une étagère ! De temps en temps, il me sortait et me posait sur une petite table dans la galerie de la maison et me regardait avec nostalgie. Je me sentais à nouveau abandonné. J'ai déjà été abandonné par le Breton, par le Bordelais, par les brocanteurs et maintenant par monsieur Forman.

Mais j'ai gardé tous les rythmes et toutes les mélodies dans ma mémoire. J'espère que je ne serai pas emporté par un nouvel ouragan. Qu'est qui est plus dur pour un violon comme moi ? Finir dans le Mississippi, emporté par un ouragan ou rester pendant des années sur une étagère ?

9 Jourdan et les Rôdailleurs

Un jour, je dormais chez monsieur Forman dans mon bel écrin de velours rouge et de cuir imitation crocodile, posé sur une table de la galerie de la belle maison coloniale quand tout à coup, un garçon est entré. Il a dit à mon maître :

- Good morning monsieur Forman. Comment allez-vous ce matin ?
- I'm okay boy. Wouldn't you like to play that fiddle ?
- Oh ! Pas aujourd'hui monsieur Forman, pas aujourd'hui.

Je dormais, mais j'ai quand même compris qu'il parlait de moi. C'est vrai que depuis quelques années, monsieur Forman ne m'emmenait plus beaucoup dans les fêtes de village ou dans les bayous. Il était déjà assez âgé et ses doigts avaient du mal à jouer les notes justes de la musique cajun. Je crois qu'il voulait me donner à un musicien plus jeune.

C'est vrai. Je m'ennuie, je m'ennuie, posé sur cette table, comme dans un musée. Nous sommes en 2023. Mon village est devenu un quartier de la ville de Saint-Francis, pas loin de Bâton-Rouge.

Bien sûr, cette belle maison coloniale n'a plus rien à voir avec la cabane originelle du Bordelais dans les bayous. Les grandes plantations ont disparu aussi et les maisons coloniales sont devenues aujourd'hui des musées ou des hôtels pour touristes. J'ai même des visites de temps en temps. Ils me sortent de mon écrin et jouent un petit air cajun. J'essaie de me souvenir, mais je ne peux le faire bien que quand je joue !

Et puis ce matin, miracle, arrive Jourdan. Je le reconnais. C'est lui qui était venu voir monsieur Forman il y a quelques années ! Maintenant, c'est un bel homme ! Il a l'air aussi d'un cowboy comme monsieur Forman quand il était jeune. Jourdan raconte à monsieur Forman qu'il travaille dans une fabrique de boudin ! Du boudin louisianais bien sûr. Quel drôle de métier ! Mais le week-end, il joue avec son pote Cedric, un jeune Texan, dans un groupe de musique cajun : les Rôdailleurs. Jourdan a appris le français louisianais avec sa grand-mère, car ses parents n'avaient pas le droit d'apprendre le français à l'école quand ils étaient jeunes. Il est même devenu une star de la musique cajun. Il raconte aussi à monsieur Forman qu'il a découvert les vieilles chansons cajun et françaises avec sa grand-mère quand elle écoutait des vieux disques en vinyle. Plus tard, quand Internet est arrivé en Louisiane, Jourdan a commencé à faire des recherches et à apprendre à jouer du violon tout seul.

Maintenant, il joue et chante très bien. Alors cette fois, quand monsieur Forman lui a proposé de me prendre avec lui, Jourdan a accepté avec plaisir. Avec moi, il va faire revivre cette musique, ces chansons et surtout notre langue qui ont traversé les siècles à travers les instruments de musique, les disques et maintenant avec les concerts et Internet.

Je vais partir avec les Rôdailleurs jouer le week-end prochain au mardi gras et Jourdan va même me faire découvrir un studio d'enregistrement avec des micros et des haut-parleurs.

Je vais même revoir la Nouvelle Orléans, la capitale du jazz ! Il me l'a promis ! Avec la musique cajun, ça fera un beau mélange. La ville a bien changé depuis que Bonaparte l'a vendue pour 10 millions de dollars et que les Américains sont arrivés. Mais je ne veux pas être triste. Moi, je veux rendre les gens heureux. Depuis qu'on a le droit d'apprendre à nouveau le français à l'école et à l'université, les Américains s'intéressent à nouveau à nous. Des jeunes Louisianais ont même créé une chaîne de télévision en langue française : Télé-Louisiane.

Il y a comme une renaissance française surtout chez les jeunes en Louisiane, c'est extraordinaire. Alors je suis sûr que Jourdan va savoir faire vibrer mes cordes devant les caméras de télévision. Ah ! J'en ai vu des belles mains dans ma vie ! Des mains fines, des mains de travailleurs, des mains de toutes les couleurs, mais les mains de Jourdan sont sensibles et fortes à la fois. Je donne tout ce que je peux avec lui. Je suis très excité à l'idée de pouvoir faire revivre à la télévision et sur YouTube toutes les histoires que j'ai vécues depuis des années, des siècles.

Une semaine après mon changement de propriétaire, monsieur Forman est décédé. Alors, ses amis ont organisé une *funeral jazz parade* à la Nouvelle Orléans pour lui et bien sûr, Jourdan et moi nous avons joué !

Finalement, je l'aime bien notre Louisiane, elle est entrée dans la modernité, surtout avec Jourdan et les Rôdailleurs. Mais vous savez, en Louisiane, si les gens ont dû parler anglais pendant des années, les cajuns ont continué à rêver en français louisianais ou en créole louisianais qui vient de la langue des esclaves. Moi aussi, je porte encore dans mon cœur le Canada, l'Acadie, la Nouvelle-France et une partie de moi rêve encore de la Bretagne et des fest-noz, et aussi de l'Italie, car c'est un luthier de Milan qui m'a fait. Mais bien sûr, mon corps a changé et surtout, mes cordes ont changé ! Avec les Rôdailleurs, les rencontres de violons recommencent. Et avec les accordéons, on va faire revivre les Canadiens et je pourrai dire avec toutes mes cordes : moi je sais, moi j'étais là ! Mais qui sait ? Peut-être qu'un jour je reverrai le Canada. Ce n'est pas si loin après tout.

Alors vous voyez, mes amis, vous avez lu ce livre. Maintenant vous savez que la culture cajun, c'est comme la cuisine et la musique : « *un ti brin de tout* » comme ils disent. Allez écouter la musique cajun sur YouTube ou venez me voir pendant le mardi gras ! C'est comme un voyage dans le passé.

FIN

Pendant la lecture

Chronologie des évènements historiques

1534	Jacques Cartier quitte Saint-Malo. Il explore le golfe du Saint-Laurent.
1534	Création de la Nouvelle-France (colonie française en Amérique du Nord) La Nouvelle-France regroupe : l'Acadie, le Canada et la Louisiane.
1535–1536	Second voyage de Jacques Cartier
1535	Jacques Cartier par du Mont Royal, une montagne qui deviendra Montréal
1608	Fondation de Québec par Samuel de Champlain
1672	Les Anglais veulent conquérir le Canada.
1713	Les Anglais battent les Français. Les Français cèdent l'Acadie, Terre-Neuve et la Baie d'Hudson aux Anglais
1718	Fondation de La Nouvelle Orléans
1719	Guerre franco-espagnole
1723	La Nouvelle Orléans devient capitale de la Louisiane.
1755–1763	Le Grand dérangement (déportation des Français d'Acadie).
1762	La France cède la Louisiane à l'Espagne.
1763	Louis XV cède le reste de la Nouvelle-France et l'est de la Louisiane à la Grande Bretagne.
1800	La France reprend l'ouest de la Louisiane.
1803	Napoléon vend la Louisiane aux États-Unis.
1921	La constitution de la Louisiane interdit la langue française en Louisiane. Seul l'anglais est langue officielle.
1968	La Louisiane autorise à nouveau l'enseignement du français.
2018	La Louisiane entre dans L'Organisation Internationale de la Francophonie (OIF).

Après la lecture

a) Regardez la carte et dessinez le voyage de Fidel.

b) Écrivez un rap en français dans votre cahier pour raconter l'histoire de Fidel. Si un(e) camarade de classe joue du violon, vous pouvez lui demander de vous accompagner.

Liste des mots

Chapitre 1

La traversée die Überquerung
le bois das Holz
tendre/tendre zart
fin/fine fein
une corde eine Saite
s'entendre avec qn sich mit jdm verstehen
fidèle/fidèle treu
un archet ein Bogen
ailleurs an einem anderen Ort
un violon eine Geige
un atelier eine Werkstatt
un luthier ein Geigenbauer
un maître ein Meister
un fest-noz bretonisches Volksfest
une époque eine Epoche / eine Zeit
la pauvreté die Armut
un mariage eine Hochzeit
un pays natal ein Geburtsland / ein Heimatland
sentir riechen
la richesse der Reichtum
l'or (m.) das Gold
les grands espaces das weite Land
au bout de an Ende von etw.
voyager reisen
tenter sa chance sein Glück versuchen
taper contre qc gegen etw. schlagen
disparaître verschwinden
un écrin eine Hülle
le cuir Leder
monstrueux/-euse Monster-
grâce à qc dank etw.
un marin ein Matrose
une base militaire eine Militärbasis
tolérer qn/qc jdn./etw. tolerieren
obliger zwingen
abandonner aufgeben
reconnaître anerkennen
un roi ein König
le pouvoir die Macht
refuser de faire qc sich weigern etw. zu tun
protester protestieren
un(e) commerçant(e) ein(e) Händler(in)
le commerce der Handel
un siècle ein Jahrhundert
fertil / fertile fruchtbar
une pension eine Pension

Chapitre 2

rude/rude rau
sauvage/sauvage wild
la fourrure der Pelz
celui-ci dieser
impressionner qn jdn. beeindrucken
une taille eine Taille
le tempérament das Temperament
une âme eine Seele
accordé(e) gestimmt

l'harmonie (f.) die Harmonie
s'ennuyer sich langweilen
un lac ein See
la pêche das Angeln
la chasse die Jagd
se disputer sich streiten
protestant(e) evangelisch
une dispute ein Streit
prendre la porte weggehen
revoir wiedersehen
autour de qn / qc um jdn. / etw. herum

Chapitre 3

à cette époque damals
construire bauen
un fort eine Festung
précaire/précaire ungewiss
cependant doch/dennoch
la joie de vivre die Lebensfreude
se lever aufstehen
une chaussure ein Schuh
un habit ein Anzug
le velours Samt
un bras ein Arm
la messe der Gottesdienst
un curé ein Priester
une paroisse eine Gemeinde/ Pfarrei
un orgue eine Orgel
rappeler erinnern
une chorale ein Chor
le plaisir / avec plaisir das Vergnügen/mit Vergnügen
avoir raison Recht haben
une répétition eine Probe
un banc eine Bank
timidement zaghaft
cristallin(ne) kristallklar
un sourire ein Lächeln
une carrière eine Karriere
merveilleux(-euse) wunderbar
la paix der Frieden
les fiançailles die Verlobung
l'été indien (m.) der Spätsommer
une cloche eine Glocke
une feuille ein Blatt
un érable ein Ahorn
un tapis ein Teppich
le sol der Boden
promettre qc à qn jdn. etw. versprechen
une centaine etwa hundert
inquiet/inquiète besorgt
une rumeur ein Gerücht
se disputer qc etw. streitig machen
la terre die Erde
une vache eine Kuh
une cabane ein Holzschuppen/eine Hütte
le sirop d'érable der Ahornsirup
en avoir marre die Nase voll haben
un soldat ein Soldat
brûler qc etw. in Brand stecken
avoir lieu sich ereignen
une église eine Kirche

horrifié(e) entsetzt
la brutalité die Brutalität
durer (an)dauern
sauver qn/qc jdn./etw. retten
protéger verteidigen/schützen
se préparer sich anbahnen
déporter qn jdn. deportieren

Chapitre 4

un uniforme eine Uniform
un galon eine Borte/eine Tresse
doré(e) golden
un chapeau ein Hut
ramasser qc etw. aufheben
emmener qn/qc jdn./etw. mitnehmen
une partition eine Partitur
terrifié(e) verängstigt
détruire qc etw. zerstören
être en ruine in Trümmern liegen
être en guerre contre qn gegen jdn. Krieg führen
chasser qn jdn verjagen
une baie eine Bucht
un bateau à voile ein Segelschiff
séparer qc etw. trennen
réveiller qn jdn. wecken
un coup ein Schlag, ein Stoß
une botte ein Stiefel
aucun/aucune keiner / keine
en feu brennend
piaffer trampeln
la fumée der Rauch
l'enfer *(m.)* die Hölle
piller plündern
un meuble ein Möbelstück
un ustensile ein Werkzeug
conduire qn jdn. führen
des dizaines ein paar, mehrere Dutzend
une larme eine Träne
couler fließen
un trappeur ein Trapper
une destination ein Ziel
l'inconnu (m.) das Unbekannte

Chapitre 5

immense/immense immens
un/une exilé(e) ein(e) Verbannter/ eine Verbannte
l'exil das Exil
remonter qc etw. hochlaufen
un fleuve ein Fluss
majestueux(-euse) majestätisch
le bord das Ufer
un(e) Autochtone ein Nativ
discret(-ète) diskret
croiser qn jdn. treffen
un œil/des yeux ein Auge
la communication die Kommunikation
une occasion eine Gelegenheit
dehors draußen
mélancolique melancholisch
acompagner qn jdn begleiten
le lendemain am folgenden Tag

un but ein Ziel
une voiture à cheval ein Pferdewagen
rare/rare selten
pacifique/pacifique friedlich
un geste eine Geste
un conflit ein Konflikt
traumatisé(e) traumatisiert
remercier sich bedanken
repartir wieder losziehen
humide/humide feucht
suivre qc etw. folgen
un chariot ein Heuwagen
être charger de qc mit etw. beladen sein
le coton die Bauwolle
régler qc etw. klären
deuxième zweite(r)
un tipi ein Tipi
un mile eine Meile
un(e) Indien(ne) ein(e) Indianer(in)
se cacher sich verstecken
nerveux(-euse) nervös
survivre überleben
faire signe ein Zeichen geben
fredonner summen
le ventre der Bauch
le doigt der Finger
une lueur d'espoir ein Lichtblick

Chapitre 6

un bayou *langsam fließendes Wasser in Louisiana*
un crocodile ein Krokodil
abandonner qc etw. aufgeben
un(e) agriculteur(-trice) ein(e) Landwirt(in)
un(e) artisan(e) ein(e) Handwerker(in)
un colon ein Siedler
une ferme ein Bauernhof
pourtant dennoch
pousser wachsen
une bestiole ein Viech *(ugs.)*
mordre beißen
piquer stechen
un chasseur ein Jäger
tuer qn jdn. töten
un alligator ein Alligator
la rudesse die Härte
la jungle der Dschungel
un cochon ein Schwein
le boudin die Blutwurst
occuper beschäftigen
une herbe ein Gras
le goût der Geschmack
une écrevisse ein Flußkrebs
un labyrinthe ein Labyrinth
faire griller qc etw. grillen
la mélancolie die Melancholie
un fermier/une fermière ein Bauer/eine Bäuerin
un horizon ein Horizont
s'évaporer sich verflüchtigen
un ouragan ein Hurricane
la violence die Gewalt

Chapitre 7

un(e) brocanteur(-euse) ein(e) Trödler(in)
cassé(e) gebrochen
être plein de qc mit etw. voll sein
un(e) Américain(e) ein(e) Amerikaner(in)
une réserve ein Reservat
authentique authentisch
tomber sur qn jdn. zufällig treffen
la boue der Schlamm
réussir Erfolg haben, erfolgreich sein
tirer qc de qc etw. aus etw. herausziehen
un son ein Ton
racheter zurückkaufen
dépenser ausgeben
restaurer restaurieren
un manche ein Stiel
une boutique eine Boutique, ein Ladengeschäft
la poussière der Staub
une note eine Musiknote
un siècle ein Jahrhundert
une commode eine Kommode
un miroir ein Spiegel
une chaise ein Stuhl
un vase eine Vase
américain(e) amerikanisch
un nordiste ein Nordstaatler/Unionist
un sudiste ein Südstaatler/Konföderierter
la Confédération des États du sud die Südstaatenkonföderation
détruit(e) zerstört
un canon eine Kanone
libéré(e) befreit
un champ ein Feld
le coton Baumwolle *(f.)*
l'esclavage die Sklaverei
disparaître verschwinden
le passage *(hier:)* der Weg
la poussière der Staub
au fond de in Grund, im hinteren Teil
une âme eine Seele
la capitale die Hauptstadt
l'industrie die Industrie
envahir qc einfallen in (ein Land)
cajun *Französisch in Louisiana*
un chant ein Gesang
une véranda eine Veranda

Chapitre 8

un(e) certain(e) ein gewisser/eine gewisse …
un cigare eine Zigarre
un cowboy ein Cowboy
un lasso ein Lasso
garder qc etw. beibehalten, etw. schützen
un bison ein Bison
imaginer qc sich etw. vorstellen

vendre qc etw. verkaufen
la peau die Haut
un ancêtre ein Vorfahre
bavarois(e) bayerisch
être passionné(e)de qc etw. leidenschaftlich lieben
colonial(e) kolonial
une galerie eine Galerie
un rocking-chair ein Schaukelstuhl
fumer qc etw. rauchen
être **au service de qn** im Dienst von jdm. sein
un(e) Africain(e) ein(e) Afrikaner(in)
un descendant ein Abkömmling
autrefois damals
une plantation eine Plantage
la canne à sucre das Zuckerrohr
d'origine ursprünglich
créole/créole kreolisch
un hasard ein Zufall
une écrevisse ein Flusskrebs
louisianais(e) aus Louisiana
une odeur ein Duft/Geruch
un fastfood ein Fastfood
sonner klingen
le ciel der Himmel
ainsi auf diese Weise
un barbecue ein Grillfest
une étagère ein Regal
la nostalgie die Nostalgie
se sentir sich fühlen
abandonné(e) verlassen
une mélodie eine Melodie
la mémoire das Gedächtnis

Chapitre 9

cuir imitation crocodile Kunst-Krokoleder
âgé(e) alt
avoir du mal à faire qc sich damit schwertun, etw. zu tun
qc n'a rien à voir avec etw. hat nichts mehr zu tun mit
originel(le) ursprünglich
se souvenir sich erinnern
un air eine Miene
avoir l'air aussehen
un miracle ein Wunder
reconnaître qn/qc etw./jdn. wieder erkennen
drôle/drôle lustig
un métier ein beruf
un pote ein Kumpel
un(e) Texan(e) ein(e) Texaner(-in)
avoir le droit de faire qc etw. tun dürfen
un disque en vinyle eine Schallplatte
revivre qc etw. wieder erleben
à travers durch
un instrument ein Instrument
mardi gras Faschingsfeier in Louisiana
un studio d'enregistrement ein Tonstudio
un mikro(fon) ein Mikro(fon)
un haut-parleur ein Lautsprecher
le jazz Jazz

un mélange eine Mischung
une université eine Universität
un(e) Américain(e) ein(e) Amerikaner(in)
un(e) Louisianais(e) ein(e) Louisianer(in)
une chaîne de télévision ein Fernsehsender
une renaissance eine Wiedergeburt
extraordinaire außergewöhnlich
vibrer vibrieren
un(e) travailleur(-euse)
sensible sensibel
excité(e) aufgeregt
un changement eine Veränderung
un(e) propriétaire ein(e) Eigentümer(in)
décéder versterben
la modernité die Modernität
un accordéon ein Akkordeon

Les personnages

Le Breton
Les Micmacs
le Bordelais
Anastasie
Évangéline
Jean Guillot (John)
Les Natchez
Napoléon
Louis XVI
Monsieur Forman
Dumont-Floret
Zouki
Jourdan Thibodeaux
Cedric Watson
Les Rôdailleurs (von « rôder » herumschleichen)
Bonaparte (→ Napoléon)

Noms géographiques

Bordeaux Stadt in Südwest Frankreich
Saint-Malo Stadt in der Bretagne
L'Atlantique *(m.)* der atlantische Ozean
Artiguelouve Dorf in der Nähe von Bordeaux
Milan Miland
Paimpol Stadt in der Bretagne
Locmariaquer Stadt in der Bretagne
Le Labrador Neufundland
La Nouvelle-France ehemalige frz. Kolonie in Kanada
Halifax Hafenstadt in Kanada
L'Angleterre England
Le Canada Kanada
Grand-Pré Gemeinde in Kanada
Québec Stadt in Kanada
Montréal Stadt in Kanada
Trois-Rivières Stadt in Kanada
La Caroline du sud North Carolina
La Nouvelle Orléans New Orleans
La Louisiane Louisiana
Le Mississippi der Mississippi
Bâton-Rouge Hauptstadt von Louisiana
Sainte-Rose Dorf in der Nähe von Bâton-Rouge
le Wurtemberg Württemberg
le Palatinat die Pfalz
la Franconie Franken

Le bayou Manchac Kleiner Fluss in Louisiana

Saint-Francis Gemeinde in der Nähe von Bâton-Rouge

Le Texas Texas